VENTE
Des 21 et 22 Novembre 1904

HOTEL DROUOT, SALLE N° 11

à deux heures

OBJETS DE VITRINE

ET

D'AMEUBLEMENT

Appartenant à M. F...

COMMISSAIRE-PRISEUR

M° PAUL CHEVALLIER

10, rue Grange-Batelière

EXPERTS

MM. MANNHEIM

7, rue Saint-Georges

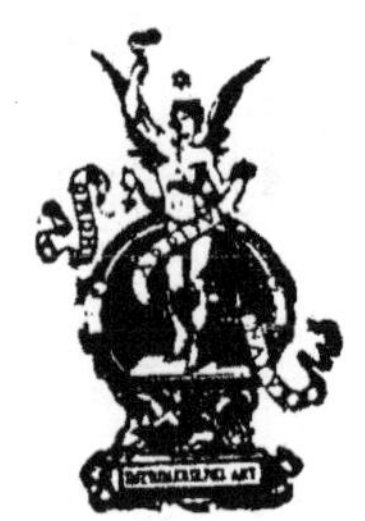

CATALOGUE

DES

OBJETS DE VITRINE

ET

D'AMEUBLEMENT

ANCIENS BISCUITS ET PORCELAINES

ÉVENTAILS DU XVIIIᵉ SIÈCLE

OBJETS DE VITRINE, BOITES, MINIATURES

BRONZES, MEUBLES

TAPISSERIES

Appartenant à M. F...

Et dont la vente aura lieu

HOTEL DROUOT, SALLE N° II

LES LUNDI 21 ET MARDI 22 NOVEMBRE 1904

à deux heures

COMMISSAIRE-PRISEUR	EXPERTS
Mᵉ PAUL CHEVALLIER	MM. MANNHEIM
10, rue Grange-Batelière	7, rue Saint-Georges

EXPOSITION PUBLIQUE

Le Dimanche 20 Novembre 1904, de 1 h. 1/2 à 5 h. 1/2

CONDITIONS DE LA VENTE

Elle sera faite au comptant.

Les acquéreurs paieront *dix pour cent* en sus des adjudications.

L'exposition mettant le public à même de se rendre compte de l'état et de la nature des objets, il ne sera admis aucune réclamation une fois l'adjudication prononcée.

Paris. — Imp. de l'Art, E. Moreau et Cie, 41, rue de la Victoire.

ORDRE DES VACATIONS

Le Lundi 21 Novembre 1904

Le Mardi 22 Novembre 1904

DÉSIGNATION

FAIENCES ET PORCELAINES

1 — Petit groupe : Fillette et jeune garçon assis tenant des fleurs. Ancienne faïence blanche de Lorraine.

2 — Statuette en ancienne faïence blanche de Lorraine : Le Petit Dénicheur d'oiseaux.

3 — Statuette en ancienne faïence blanche de Lorraine : Fillette tenant un oiseau.

4 — Statuette : Joueur de castagnettes, ancienne terre blanche de Lorraine.

5 — Statuette en faïence blanche, époque Directoire : Femme jouant du tambourin.

6 — Porte-montre en forme de joueur de tambourin en biscuit.

7 — Trois petits vases en ancien biscuit.

8 — Deux figurines : Personnage auprès d'un arbre, en ancien biscuit.

9 — Groupe en biscuit de Saxe : Sujet allégorique à l'Amour.

10 — Groupe en ancien biscuit de Locré : Bergers et bergères sur des rochers, accompagnés de chèvres et de chiens.

11 — Groupe pouvant faire pendant au précédent : Femmes et chasseurs sur des rochers, accompagnés de chiens et de gibier.

12 — Groupe en ancien biscuit de Lorraine : Adolescent accompagné de deux femmes, l'une assise, l'autre debout, tenant des fleurs dans son tablier.

13 — Groupe en ancien biscuit de Lorraine : Jeune paysanne tenant une brebis à qui un jeune garçon donne à manger.

14 — Groupe en ancien biscuit de Sèvres : l'Amour enchaîné par la Fidélité.

15 — Statuette en ancien biscuit de Sèvres :

Jeune femme debout tenant des fleurs dans son tablier ; à ses pieds, un vase de fleurs. Marque de *Fernex*.

16 — Statuette en ancien biscuit de Sèvres : La petite laitière. Marque de *Fernex*.

17 — Statuette en ancien biscuit de Sèvres : Le batteur en grange.

18 — Plat ovale à décor de fleurs et draperies. Ancienne porcelaine de l'Inde.

19 — Groupe en ancien blanc de chine : Kouan-in accompagné d'adorateurs :

20 — Statuette de vielleur en ancienne porcelaine blanche de Saxe.

21 — Deux statuettes, ancienne porcelaine de Saxe : Joueur de cornemuse et joueur de flûte.

22 — Figurine : Montreur de lanterne magique. Même porcelaine.

23 — Deux groupes : Allégories de la sculpture, et de l'été et l'automne. Ancienne porcelaine de Saxe.

24 — Petite brebis couchée. Ancienne porcelaine de Saxe.

25 — Ours debout, même porcelaine.

26 — Nid d'oiseaux en ancienne porcelaine de
Saxe.

27 — Saucière, décorée de fleurs. Ancienne porcelaine de Saxe.

290

28 — Deux plateaux, forme feuilles : sujets galants
et fleurs. Ancienne porcelaine de Saxe.

29 — Figurine en ancienne porcelaine de Saxe :
Enfant nu, tenant un vase ; sur base décorée
de fleurs, en ancienne porcelaine tendre de
Mennecy.

30 — Deux pièces : figurine de Neptune et groupe
allégorique de l'Été, en ancienne porcelaine de
Saxe, sur base en ancienne porcelaine de Furstemberg.

235

31 — Groupe en ancienne porcelaine de Saxe :
deux amours, l'un debout, l'autre endormi auprès de deux tambours.

600

32 — Groupe en ancienne porcelaine de Saxe :
quatre enfants personnifiant les saisons ; base en
bronze.

385 33 — Groupe en ancienne porcelaine de Saxe : Psyché et l'Amour ; base en bronze.

34 — Sanglier attaqué par des chiens. Ancienne porcelaine de Hœchst.

35 — Deux supports, l'un oblong, l'autre cylindrique, en ancienne porcelaine de Furstemberg.

36 — Deux statuettes en ancienne porcelaine blanche de Vienne : Allégories du commerce.

37 — Groupe en ancienne porcelaine blanche de Vienne : Jeune seigneur, debout, et bergère assise auprès d'un arbre, un panier de fleurs sur les genoux.

230 38 — Quatre tasses avec soucoupes, décor de personnages au milieu de rinceaux. Ancienne porcelaine de Venise.

39 — Figurine en ancienne porcelaine tendre blanche de Mennecy : Amour costumé.

40 — Petit groupe de deux personnages dansant, en ancienne porcelaine blanche.

41 — Petit groupe en ancienne porcelaine

blanche : Jeune seigneur assis à qui une femme apporte des fleurs sur un plateau.

42 — Perroquet sur un tronc d'arbre en porcelaine blanche de Saxe.

43 — Groupe en ancienne porcelaine tendre blanche de cinq personnages : Allégorie des travaux de la campagne.

44 — Figurine : Petit jardinier tenant un arrosoir, ancienne porcelaine dure de Berlin.

45 — Petite boîte longue avec couvercle en porcelaine de Berlin.

ÉVENTAILS

46 — Éventail à monture d'ivoire peint, feuille allégorique à l'amour. Époque Louis XV.

47 — Éventail à monture d'ivoire doré; feuille à trois compartiments allégoriques à l'Amour. Époque Louis XV.

48 — Éventail à monture de nacre dorée et argentée; feuille à trois médaillons, personnages et attributs. Époque Louis XV.

49 — Éventail à monture d'ivoire Louis XV;
feuille à sujet mythologique.

50 — Éventail à monture d'ivoire argenté et doré;
feuille en soie avec paillettes : Sujet galant et
fleurs. Époque Louis XVI.

51 — Éventail du temps de Louis XVI, à monture
d'ivoire argenté; feuille en soie à trois médaillons à sujet galant.

400 52 — Éventail à monture de nacre argentée; feuille
à large médaillon, à sujet mythologique, personnages et amours. Époque Louis XVI.

53 — Deux feuilles d'éventails : Le testament de la
Tulipe et le véritable medecin des belles. XVIIIe
siècle. Encadrées.

330 54 — Éventail en ivoire décoré au vernis : Jupiter
apparaissant à un groupe de personnages. XVIIIe
siècle.

355 55 — Éventail en ivoire décoré au vernis; personnages dans un paysage. XVIIIe siècle.

56 — Éventail à monture de nacre dorée; feuille
Louis XVI en soie, à grand médaillon, à sujet
de bergerie avec paillettes.

500

57 — Éventail à monture chinoise en ivoire : feuille à sujet tiré de l'histoire ancienne.

58 — Éventail en ivoire argenté et doré; feuille en soie avec paillettes; buste d'homme et inscriptions espagnoles. Fin du xviiie siècle.

59 — Éventail en ivoire; feuille en soie, à sujet allégorique à l'Amour avec paillettes. Époque Empire.

60 à 64 — Cinq éventails, corne et ivoire. Époque Empire.

OBJETS DE VITRINE

MINIATURES

65 — Couteau et fourchette, à poignées de cuivre doré, du temps de Louis XVI.

66 — Petit calvaire en cristal de roche et émail. avec petites perles.

67 — Boucle de ceinture en strass, monture argent. xviiie siècle.

68 — Boucle de ceinture, cuivre ajouré. xviiie siècle.

69 — Boucle de ceinture en strass, cuivre et argent. XVIIIe siècle.

70 à 76 — Sept boucles de ceintures de diverses époques, strass. (Seront divisées.)

77 — Peigne en chrysolithe, monté argent.

78 à 80 — Trois paires de boucles en argent. XVIIIe siècle.

81 — Six boutons Louis XVI : petits paysages peints sur soie; monture en argent doré et ivoire. Dans un écrin Empire.

82 — Douze boutons en porcelaine, montés argent, à décor de bustes de femmes à coiffures Louis XVI.

83 — Douze boutons en porcelaine d'Allemagne, à décor de fleurs.

84 — Douze boutons, strass, monté argent. XVIIIe siècle.

85 — Dix autres, plus petits.

86 — Croix d'ordre en strass et verroteries; montée argent. Travail espagnol.

87 — Petit bas-relief en pâte blanche, sur fond de verre opalin : la Fontaine d'amour.

88 — Monocle, à poignée de nacre ; monture argent. xviiie siècle.

89 — Flacon à sels en cristal, dans un réseau d'or, à décor de rocailles et oiseaux. Époque Louis XV.

90 — Très petit flacon en cristal, à bouchon d'or.

91 — Trois pièces : Deux escarcelles et une bourse en perles de verre ; montées acier et argent.

92 — Tabatière ovale en écaille brune, ornée, sur le couvercle, d'une miniature du temps de Louis XV ; portrait d'homme en buste en habit bleu.

93 — Boîte ronde en écaille brune galonnée d'argent et ornée sur le couvercle d'une minia-ture ovale du temps de Louis XV ; portrait d'homme en habit bleu.

94 — Boîte ronde en écaille blonde, galonnée d'or ; sur le couvercle, miniature du temps de Louis XV ; portrait de jeune homme en buste en habit bleu.

260

95 — Boîte ronde incrustée de nacre sur fond jaune ornée sur le couvercle d'une miniature par *Périn*, signée : Portrait d'homme en buste, vêtu de noir; fond de paysages.

650

96 — Boîte ronde décorée en vert au vernis, ornée sur le couvercle d'un dessin de l'école de Klingstedt représentant un adolescent accompagné de deux jeunes femmes. XVIIIᵉ siècle.

97 — Boîte ronde en écaille blonde galonnée d'or. Époque Louis XVI.

355

98 — Boîte ronde en écaille brune ornée de rayons en incrustations d'or et galonnée d'or également. Sur le couvercle, miniature ovale : Danse de paysans. Époque Louis XVI.

475

99 — Boîte ronde en écaille brune ornée, sur le couvercle, d'une miniature : Portrait de femme en buste, vêtue d'un corsage bleu avec fichu. Signée : *Viller 1791*. Époque Louis XVI.

100 — Boîte ronde décorée en vert au vernis; sur le couvercle, émail du XVIIIᵉ siècle : Mars et Vénus.

101 — Boîte ronde en cuivre émaillé, figures allé-

goriques et paysages sur fond blanc. Monture
argent. XVIIIe siècle.

102 — Boîte oblongue, à sujet mythologique avec
imbrications roses. Ancienne porcelaine d'Allemagne, montée cuivre.

103 — Boîte ronde en écaille brune ornée d'un
dessin : Jeune femme en buste.

104 — Boîte ronde décorée au vernis à rayures
blanches sur fond rose, ornée sur le couvercle
d'une miniature, portrait de femme en buste
portant la coiffure Louis XVI et avec le nom :
Vestier.

105 — Boîte forme ballon en poudre d'écaille verte,
ornée sur le couvercle d'un fixé : Danses de
paysans. XVIIIe siècle.

106 — Boîte ronde, Louis XVI en poudre d'écaille
rouge ornée d'une miniature : Scène familiale.

107 — Boîte ronde Louis XVI en poudre d'écaille
rouge, ornée d'une miniature : Portrait de jeune
homme en habit rouge.

108 — Très petite boîte en filigrane d'argent.

560   109 — Boîte ronde en ancienne aventurine de Venise, montée en or; sur le couvercle, miniature: Bergère et brebis.

110 — Petite boîte ronde en écaille blonde, ornée sur le couvercle d'une miniature ovale: portrait d'homme en habit noir, en buste.

111 — Boîte en poudre d'écaille bleue, ornée d'une miniature à sujet galant, dans la manière de Klingstedt.

530   112 — Boîte ronde, décorée de rayures au vernis, et ornée d'une miniature: portrait de femme, en buste, et corsage violet, avec fichu et bonnet. Époque Louis XVI.

113 — Boîte ronde en écaille brune, ornée d'une miniature: portrait de femme, en buste, avec corsage violet décolleté. Époque Louis XVI.

220   114 — Boîte ronde en poudre d'écaille marron, avec miniature: portrait présumé de Voltaire, en habit noir. Époque Louis XVI.

252   115 — Boîte ronde Louis XV, décorée au vernis, à sujet champêtre; garnitures d'or.

116 — Boîte ronde en écaille blonde, galonnée d'or, ornée d'un fixé: paysage.

117 — Étui porte-tablettes Louis XVI, décoré en vert au vernis et garni d'or ; il est orné de deux miniatures : portraits de femme et d'homme.

118 — Étui plat en ivoire, garni d'or, orné de deux médaillons, sujets d'amours, sur fond bleu. Époque Louis XVI.

119 — Étui porte-tablettes en ivoire, garni d'or, orné de deux médaillons à fond bleu. Époque Louis XVI. Petite miniature dans l'un des médaillons.

120 — Petit flacon en cuivre émaillé ; monture en argent doré.

121 — Petit support rond en argent.

122 — Email ovale, sujet allégorique en grisaille, sur fond rose. Cadre en galuchat.

123 — Miniature ovale à l'huile : portrait d'homme, en buste, costume noir, avec col blanc ; fond bleu. XVIIe siècle. Cadre en bois noir.

124 — Très petite miniature ovale, à l'huile, du XVIIe siècle : buste d'homme, fond vert. Cadre à feuilles ajourées en argent.

125 — Miniature ovale, à l'huile : portrait de femme, vêtue de vert, en buste. École italienne du xviie siècle. Cadre en bois doré.

126 — Très petite miniature Louis XIII, à l'huile : buste d'homme, portant un grand col.

127 — Miniature ovale : portrait d'homme, en buste, et habit violet. Époque Louis XV. Cadre en or partiellement émaillé, avec monogramme au revers.

128 — Miniature ovale : Portrait d'homme en buste et habit vert. Époque Louis XV.

129 — Miniature ovale : Portrait présumé de l'impératrice Joséphine. Signée : *G. Guérin*. Cadre en galuchat. Époque Empire.

130 — Miniature ovale : Portrait de femme en buste, en corsage blanc, un ruban noir dans les cheveux. Époque Empire.

131 — Miniature ovale sur cuivre Louis XIV : Portrait de femme en buste, corsage jaune avec draperie bleue. Cadre en bois doré.

132 — Miniature ovale à l'huile Louis XIII : por-

trait de jeune femme portant la large fraise. Cadre en bois noir.

133 — Miniature ovale à l'huile Louis XIII : Jeune femme en buste. Cadre en cuivre.

134 — Petite miniature ovale à l'huile : Portrait de jeune homme portant l'armure et la perruque. Cadre en bois doré. Époque Louis XIV.

135 — Miniature à l'huile Louis XIV : Portrait d'homme en buste. Cadre en bois noir guilloché.

136 — Miniature ovale à l'huile Louis XIII : Portrait de femme en buste. Cadre en bois noir et écaille.

137 — Miniature ovale sur cuivre Louis XIII : Portrait d'homme. Cadre en bois ajouré.

138 — Miniature ovale Louis XV : Portrait d'homme en buste, habit rouge.

139 — Fixé de forme ovale : Buste de femme. Cadre en cuivre. Époque Louis XVI.

140 — Miniature ovale : Jeune femme en buste,

vêtue de blanc et portant la coiffure Louis XVI. Cadre en argent. Époque Louis XVI.

141 — Miniature ovale sur métal : Portrait de femme en buste, vêtue de bleu avec voile blanc. Époque Louis XVI. Cadre en bois.

142 — Petite miniature ovale Louis XV : Portrait de femme en buste, portant un corsage bleu décolleté avec roses dans les cheveux. Cadre or et argent.

143 — Petite miniature ovale : Buste de jeune femme vêtue de blanc. Signée : *Isabey*. Montée en broche. Époque Empire.

144 — Miniature ronde : Portrait d'officier en buste. Signée : *Ingres*. Cadre en poudre d'écaille rouge. Époque Empire.

145 — Miniature ovale à l'huile : Portrait de Henri IV en buste. Dans un écrin en chagrin.

146 — Miniature ovale : Vase de fleurs.

147 — Miniature ovale au vernis : Paysage. Cadre en cuivre.

148 — Miniature ovale : Portrait de femme en buste portant une draperie rose laissant voir un des seins. XVIIIe siècle.

149 — Fixé rectangulaire : Scène de cabaret dans le goût de Téniers. XVIIIe siècle.

150 — Miniature ovale : Jeune femme en buste avec corsage décolleté et draperie bleue. XVIIIe siècle.

151 — Miniature ovale : Portrait d'homme en buste, portant une longue perruque blonde Louis XIV.

152 — Gouache ovale : Fête dans un parc. Cadre en cuivre.

OBJETS VARIÉS, BRONZES

153 — Trois pièces : Deux salières et porte-huilier en étain peint, avec deux barettes en cristal doré Directoire.

154 — Trois pièces, verrerie; petit cygne, flacon, verre à pied gravé.

155 — Boîte en cristal taillé.

156 — Boîte à musique Empire, forme épinette, garnie de cuivres.

157 — Cithare décorée de peintures, avec boite.

158 — Trois pièces, de style antique, en terre : statuette et petites aiguières.

365 159 — Jonc à pomme d'or, du temps de Louis XV, à personnages et rocailles.

360 160 — Jonc à pomme d'or, décor d'amours, gravé sous émail vert. Époque Louis XVI.

161 — Buste de femme en plâtre, avec coiffure Louis XVI.

162 — Un volume : missel romain. Anvers, 1650. Relié en cuir fauve doré, avec fermoir doré.

500 163 — ÉCOLE FRANÇAISE. Portrait du comte de la Tour et Taxis. Cuivre. Cadre en bois doré.

920 164 — Deux candélabres Louis XVI en bronze et marbre blanc : Nymphes, debout, tenant un bouquet de lys porte-lumières.

1.210 165 — Pendule en bronze doré : mouvement accosté d'une statuette de l'Abondance et d'une figurine d'Amour, et supporté par deux dauphins ; base oblongue, contenant un carillon.

166 — Pied cylindrique en serpentin et bronze.

MEUBLES

167 — Coffre en bois sculpté, médaillon contenant une figure de Pégase, cariatides aux angles.

168 — Banquette en bois sculpté, fleurons et motifs irréguliers.

169 — Meuble à deux corps en bois sculpté : rosaces et cariatides.

170 — Console en bois sculpté et doré, à décor de draperies. Dessus de marbre bleu-turquin. XVIIIe siècle.

171 — Table oblongue en bois sculpté et doré, à quatre pieds reliés par un croisillon à vase. Dessus de marbre blanc.

172 — Vitrine en bois sculpté et doré, à rocailles.

261 173 — Table en bois sculpté et doré, sur quatre
pieds à croisillon orné d'un vase. Dessus de
marbre brocatelle. Style Louis XV.

174 — Paravent, à trois feuilles, en bois sculpté,
garni d'étoffe et muni de glaces à sa partie su·
périeure.

175 — Armoire à deux portes.

176 — Deux fauteuils et deux chaises, bois sculpté
et imitation de tapisserie au point.

177 — Lutrin en bois doré et damas rouge. Ancien
travail italien.

178 — Deux colonnettes torses ornées de figurines, en bois sculpté et doré.

650 179 — Bibliothèque à fronton cintré en bois noir et
à filets de cuivre.

180 — Meuble en bois sculpté fermant à deux
portes vitrées et muni d'étagères dans les
angles.

181 — Servante-étagère en bois sculpté renfermant
deux tiroirs.

182 — Table de salle à manger en bois sculpté.

183 — Petite banquette en cuir doré couverte en soie bleue rayée et brochée. Style Louis XVI.

520

184 — Canapé et deux bergères en bois doré, couverts en soie rayée et brochée. Style Louis XVI.

265

185 — Canapé et deux fauteuils en noyer sculpté, couverts en velours ciselé. Style Louis XVI.

186 — Marquise et deux chaises en bois laqué blanc. Style Louis XVI.

187 — Tabouret rond, bois doré et tapisserie en point.

188 — Table à jouer de style chinois.

189 — Chaise-longue en velours rouge.

190 — Dix chaises, bois sculpté et uni.

191-192 — Deux gaines-colonnettes et panneau bois sculpté, avec crochets de suspension.

193 — Desserte en acajou, à filets de cuivre, dessus de marbre blanc. Commencement du xixe siècle.

194 — Vitrine plate en chêne sculpté sur quatre pieds cannelés.

195 — Vitrine à quatre faces sur table-support.

ÉTOFFES, TAPISSERIES

196 — Coussin long en satin rose à dessus de dentelle blanche.

197 — Quatre rideaux à bandes de velours ciselé à fleurettes et encadrement de peluche grise.

325 198 — Deux portières formées d'une ancienne tapisserie-verdure. Encadrement de peluche chaudron.

450 199 — Tapisserie-verdure, jeux d'enfants dans la campagne. XVIIIe siècle. — Haut. 2 m. 45 cent.; larg., 2 m. 50 cent.

200 — Fragment de tapisserie-verdure avec inscription dans le bas.

280 201 — Tapisserie-verdure à grands personnages : Scène de sacrifice et la mort d'Achille. Flandres. XVIIIe siècle. — Haut., 2 m. 65 cent.; larg., 3 m. 45 cent.

1.050 202 — Tapisserie-verdure : Échassiers dans un paysage avec habitations. Bordure à feuilles fruits, coquilles, etc., etc. XVIIIe siècle. — Haut., 2 m. 70 cent. ; larg., 4 m. 60 cent.